新雅・成長館

寫給孩子的！

人性的弱點

How to Win Friends and Influence People

金志娅 著　　俞英根 繪

新雅文化事業有限公司
www.sunya.com.hk

前言

人與人之間的相處之道，是一門艱深的學問！

「為什麼我總覺得跟別人相處很難呢？」

你以為只有自己才有這樣的苦惱嗎？其實這是所有人都共同面對的煩惱。因為人們很難將心比己地站在對方的立場思考問題，於是難免跟別人產生摩擦。

從前我讀戴爾·卡內基寫的《人性的弱點》時，曾有所啟發：只要稍微改變說話的方式，就可以讓對方態度改變，完美解決紛爭。可是當時間一久，我又重蹈覆轍，不顧別人的感受，沿用自以為是的方式來說話，冒犯別人而不自知。我深刻體會到，從小學會站在他人的角度思考、說得體的說話，對建立良好的人際關係很有幫助。

於是，我寫下這本書，以《人性的弱點》為基礎，重新改編並歸納出讓孩子容易掌握的十七個處世原則。原書於 1936 年發行，雖然至今已接近九十年，但放在這個時代閱讀，裏面所教授的溝通技巧依然不覺落伍，很值得孩子們參考！我鼓勵孩子要不時翻閱這本書：遇到問題時看，可以從中反思自己平日的言行；與人相處融洽時看，可以溫故知新，跟人交朋友或要說服別人採納自己的意見時，便能更得心應手了。

我盼望看過這本書的孩子都能待人友善，學會好好經營每段彌足珍貴的關係。雖然，現實不會那麼美好，一段關係不能只靠單方面的努力，但請你不要灰心，只要從自己開始改變，我相信身邊的人也會受你的影響而漸漸改變。那麼，就會越來越多人懂得與人相處了。快從自己做起，一起讓我們的世界變得更美好、和諧吧！

作者 **金志娫**

目錄

第一章　人際關係的三個基本原則

　　我撰寫這本書，講解如何改善人際關係，是因為很多人都不清楚與人相處融洽的方法，也不知道原來這些方法是需要訓練的。

　　孩子們，讓我們一起來學習與人相處之道，就從最重要的三個基本原則開始吧！

**溝通大師
戴爾‧卡內基**

戴爾·卡內基的人際關係論

美國第十六任總統亞伯拉罕·林肯年輕時，曾寫過批判和嘲諷別人的信件和詩，並把它們故意扔在對方能看見的地方。他成為律師後，還試過寫公開信來反擊那些跟他持相反觀點的人，希望改變那些人的想法。後來，有人向林肯發起生死決鬥挑戰，他還差點因此喪命，這讓他受到很大衝擊。

亞伯拉罕·林肯

自此，林肯再也不寫侮辱別人的信了，他把「不想受到批判，就不要批判別人。」這句話銘記於心。即使受到別人的抨擊，他也嘗試先從對方的角度去理解和思考，而不是馬上用譴責、謾罵來反擊。林肯通過自身經驗意識到，再怎麼強而有力的批判都不會為事情帶來好結果。因為對別人批判，就像丟出迴力鏢一樣，最終還是會回到自己身上。受到批判的人為了保護自己，也會用同樣的方法來批判對方。相反，如果我們願意諒解對方，對方也會嘗試去諒解我們。

但是，有時我很想提醒朋友，他在一些地方做得不好呢。

你真心希望朋友變好，這份心意很難得，但是要傳遞自己的真心並不容易，有時候還會因此而被朋友誤會你想教訓他。當你看到朋友需要改善的地方，請先審視自己，想想自己是否也需要改進？因為改變自己遠比改變別人更讓你受益，並且所承受的風險更少。☺

不抱怨，不批評

情境：體育課上，同學們分組進行閃避球比賽。比賽中，因為敏熙的失誤，被對方搶了球。

　　對朋友抱怨之前，先站在朋友的角度想一想。其實誰都可能像敏熙那樣犯錯，如果失誤的是自己，你會想聽到別人說些什麼？

情境：建宇是敏熙的鄰座，跟同學嬉鬧時不小心撞到敏熙的書桌。敏熙正在給朋友寫信，被他撞得字都寫歪了。

指責朋友的說話，只會讓情況變得更糟糕，因為當朋友受到批評或指責時，想道歉的心就消失了。這種情況，我們不如在責備朋友前，先好好傳達自己的心情吧！

不要用「你」，變成用「我」來開展說話！

用「你」開展的說話，很容易就會變成批評別人。跟朋友溝通的時候，如果先說出自己的心情、感受和想法，對方就可以用較平和的情緒來聆聽你的說話。

用「我」開展的說話，會令朋友更願意聆聽。這樣，大家自然就會討論怎樣解決問題，而不是互相發火。

戴爾・卡內基的人際關係論

　　二十世紀最偉大的心理學家西格蒙德・佛洛伊德和美國哲學家約翰・杜威均認為，人類共同最大的慾望，就是「成為重要的人」。

　　人類之所以能發展文明，相信是因為想成為重要的人。歷史上永垂青史的偉人，往往都有這種慾望。

西格蒙德・佛洛伊德

　　誰都想成為重要的人，所以很多人都想盡辦法證明和表現自己。不過，在向其他人展示自己的能力前，請先嘗試發掘別人的優點。當然，不是要你硬着頭皮去誇讚別人，而是要真心真意地認同和讚賞別人。

　　當你不向別人作出批評或挑剔，反而常常給予對方稱讚和激勵，在對方心中，你就會成為一個重要的人！他會更珍惜你說的話，更信賴你，你們的關係自然也會變得更好。

　　由今天起，我們試試不再只想着表現自己，而是多發掘別人的優點吧！

大家都討厭的傢伙，
怎麼可能會有優點呢？

如果只從對方表面的行為或肉眼所見的地方來找他的優點，可能確實有點難。你可以嘗試去體會用肉眼看不見的地方，例如對方的心情和內心想法。當你真心真意了解對方，自然能發掘他的優點，並能發自內心地稱讚。聽到真誠的稱讚，相信他的行為也必然會產生變化。☺

詠恩

思豪

情境：美術課上，詠恩和思豪兩人一組做手工。可是，思豪對做手工一點也不感興趣，一直在跟別人嬉戲。

NO

你又不會剪紙，畫又畫得不好看，所有事情都是我一個人做的，真累人！

你那麼厲害，自己一個人做就好了！

OK

你平常總想到有創意的想法，你有什麼好提議啊？

說我想法很有創意？真的嗎？哈哈，那我一定要想個好主意。

我覺得我們可以……

　　與其一開口就挑剔朋友的缺點，我們應該先想想朋友的優點。只要我們真誠地給予對方認同和稱讚，對方就會願意努力，來證明你的稱讚是對的，因為人們都喜歡聽到別人的稱讚啊！

情境：同學們正商量接下來要玩什麼遊戲，平時十分善於表達自己意見的欣賢率先發表意見。

　　以認同和鼓勵代替指責，不但可以讓對方的心情更好，也更有利解決問題。但是，如果說話不是出自真心，只是口頭上的稱讚，就會變成恭維和奉承，這可能會讓對方的心情變得更差，也讓事情更難解決。所以一定要多加注意。

真心真意地給予具體的稱讚！

通常我們都認為，稱讚肯定比批評好，但實際上未必如此。

嘩，你真好啊。

是因為我滿足了她的要求，她心情好才會這樣說嗎？

怎麼我一點都不覺得開心呢？

「你真好啊！你很善良呢！你很厲害呀！」——以上都是我們經常用來稱讚別人的句子。但是，這些句子很虛無，全都不能清楚表達我們具體是因為哪一點而稱讚別人。

這樣的話，聽的人很有可能會認為，我們答謝和稱讚他只是因為自己的要求被滿足了，或是因為他乖乖聽從我們的指示而已。這樣，對方會感受不到真誠，心情也不會變好，稱讚也不成立。

下次稱讚別人的時候，要記得以下兩大重點。

給別人具體的稱讚

清晰地向對方表達，稱讚他的具體原因是什麼。

由心而發地稱讚別人

我們稱讚別人時，如果讓對方感受我們發自內心的欣賞，能讓對方更開心。所以嘗試好好了解自己的內心，然後再真誠地把內心的感受如實表達出來吧。

戴爾‧卡內基的人際關係論

大衛‧勞合‧喬治

曾任英國首相的大衛‧勞合‧喬治從第一次世界大戰時期開始，到戰爭結束都一直擔當英國的最高領導人，他對英國政治發展有着巨大的影響。人們都很好奇，他到底怎能令自己在政壇長時間保持影響力？

勞合‧喬治說過，自己能一直坐在最高領導人的位置上，是因為他總能使用「正確的魚餌」。這句話是什麼意思呢？

其實這句話是指，只要留意對方的興趣是什麼，談話圍繞他想要的東西來展開，並給他展示怎樣做才可以得到他想要的東西，最終我們便能得到自己想要的東西。

想讓對方喜歡自己，跟他維持良好的人際關係，一定要多思考對方在追求什麼。換言之，當我們跟朋友對話時，要多想想他們內心想要的是什麼。因為大部分的人都只關心自己的需求，所以只要我們能稍微為別人的需求着想，都能幫助我們獲取別人的好感。

那為了讓別人高興，我要放棄自己的想法嗎？我也想按照自己的想法來做事呢。

考慮別人的需求，並非要我們放棄自己的想法、意志，或無條件地迎合對方，而是在有選擇的情況下，盡量以滿足雙方需求的方式做事。這是真誠地展現對別人的關懷，跟為了博取朋友好感而放棄自身想法的做法是不一樣的。如果完全不考慮別人，只按照自己的想法做事，就會顯得我們很自私呢。☺

考量對方的需要

情境：同學們正在觀賞美雅和俊碩的畫作，他們兩個都十分擅長畫畫。現在大家正在討論，他們兩個誰的作品更漂亮。

跟別人對話時，互相考慮對方的心情，談話氣氛就會變好。

情境：媽媽拜託智德幫忙照顧弟弟兩個小時，但智德已跟朋友約好去公園玩，這讓他十分為難。

考慮別人的需要，不是要大家無條件滿足對方，而是希望我們在表達自己的意願前，先去理解對方的意願。單憑這一點，也可以讓對話方向改變許多。

專注地聆聽對方的說話

　　我們想了解對方的需要，最重要的是在別人說話時，一定要集中精神聆聽。這不是理所當然嗎？為什麼要如此強調？

　　沒錯，我們跟別人交談時一定會聽到別人說的話。但要專注地仔細聆聽，這就不是那麼容易了。有時候我們認為自己有集中精神在聆聽，事實上並沒有。

另外，我們只靠聆聽的那刻才集中精神是不夠的！聽完朋友說的話，我們還要仔細思考對方的話中，最想傳達的內容是什麼，這樣才能準確理解朋友的想法。

你可以嘗試用簡單的一句話來概括朋友的話，確定當中最重要和他最想傳達的內容是什麼？這樣，你就可以準確理解朋友的想法了。

第二章　讓別人對自己產生好感的六個方法

你想去到哪裏都受別人歡迎嗎？你想讓身邊的人都喜歡你嗎？

當你熟悉處理人際關係的三個基本原則後，就可以開始學習讓別人喜歡自己的方法了。跟朋友交往，其實沒有什麼特別的技巧，只要稍微用心努力，就可以讓別人對自己產生好感了。

- ☑ **真誠的關心**
- ☑ **保持微笑**
- ☑ **呼喚對方的名字**
- ☑ **認真地聆聽**
- ☑ **找出對方的喜好**
- ☑ **保持禮貌與客氣**

戴爾‧卡內基的人際關係論

你喜歡狗嗎？人們為什麼會喜歡狗呢？

狗見到主人就會不停晃動尾巴，並興奮地跳來跳去，來表達自己有多喜歡主人。牠們表達愛的時候，既不是別有用心，也不要求回報。牠們只是單純喜歡跟主人在一起，我們很難不喜歡這樣無條件付出愛意的動物。

與朋友相處、處理人際關係也一樣，如果你只是為了達到某個目的或意圖去和別人建立關係，對別人一點也不在乎，對方也一定會發現，你就不可能得到他的真心信賴。

再說，如果你自己都不在乎對方，對方難道會無故關注你嗎？對方有這樣做的必要嗎？

如果我們真誠地關心對方，對方也會注意到的。看看那些長期受人歡迎的人，他們都會關心喜歡自己的人。關心別人，意味着我們要投入更多時間和精力在對方身上，所以也要做好為對方付出的準備。但是，這些付出會為我們帶來無價的收穫。

我本來就不太會關心別人，一定要努力去顧慮別人才可以嗎？

確實也有些人不太會關心別人，其實我們也沒別要勉強自己，但是必須要明白一點：你不主動關心別人，別人也一樣不會關心你。有些人會覺得別人不在乎自己也沒關係，但如果自己不關心別人，又期待別人對自己很在乎，那就可能會讓人際關係陷入困難。☺

真誠的關心

情境：今天一整天，希俊的表情都十分陰沉。面對心情低落的同學，我們應該如何說話呢？

希俊會感激智誠，是因為智誠對希俊表達了真誠的關心和問候。當下次智誠不開心的時候，相信希俊也會用同樣的真心來安慰他的。

情境：當正民有一種喜歡的東西，但是志浩卻不喜歡時，兩人應該如何展開對話呢？

想跟朋友的關係更親近，就要了解朋友喜歡的東西。即使是自己不喜歡的事情，因為是朋友喜歡的，談話時也應該表現出關心的態度。

想像朋友的心情！

有時候，朋友說的話，確實無法引起我們的共鳴，或都是我們不感興趣的話題。這是正常的，因為朋友和你是兩個獨立的個體，關心的領域和思考方式都不一樣。當二人交往時，也不可能一直談論單方感興趣的話題。

如果想跟朋友維持親密關係，就要嘗試對朋友談論的話題表現出真誠的關心和興趣，並且專注地聆聽對方的話。正視對方的眼神、不時點頭，都能向對方表示我們正集中精神聆聽他的說話。

聆聽朋友說話的時候，我們可以想像一下對方的心情，然後用言語向對方表達自己設想到他的心情和感受。

道出朋友的心情和感受，對方就會覺得我們有專心傾聽，也關心他的內心想法，這樣他會對我們更有好感。

戴爾·卡內基的人際關係論

　　請你試試，連續一星期時間對朋友笑多點，看看你會得到什麼結果？

威廉·莎士比亞

　　人類在收到微笑時，也會自然地報以微笑的。大家互相展示笑容，可以讓彼此都心情愉悅，何樂而不為呢？反正，微笑也不花錢。

　　所有人都知道，微笑比愁眉苦臉更能給別人留下好印象，也能讓自己快樂。可是，為什麼發自內心地微笑就那麼難呢？

　　可能是因為沒有值得笑的事情吧？但即使如此，也請你要盡量笑着，並成為快樂的人。

　　英國劇作家威廉·莎士比亞曾說：「事情本身沒有好壞之分，是我們的想法決定了它的好壞。」美國第十六任總統亞伯拉罕·林肯曾說：「大部分的人只要下定決心，要多快樂就會有多快樂。」他們兩人話中的共通觀點，便是指出我們的想法和心態，跟我們的幸福感息息相關。

　　在對朋友皺眉頭或發脾氣前，不妨先改變自己的想法，向對方微微一笑？

改變自己的想法？我們可以怎樣改變想法？

有一個裝了半杯水的杯子，有人會覺得「只剩下半杯水了」，也有人會覺得「還有半杯水呢」。當前者那般悲觀的想法出現在我們腦海中，我們便嘗試努力改變這種想法吧。然而，改變想法之前，我們應該先學習分析自己的想法，看看到底自己看事情的角度是怎樣的。☺

情境：慧珠的同班同學東成、子樂性格非常不同。東成很愛笑，子樂比較木訥，平時很少笑。

NO

OK

誰人都對臉上掛着微笑的人更有好感，因為看到笑面，自己的心情也會變好。

情境：慧珠一邊說着昨天有趣的事情，一邊觀察東成和子樂的表情和反應。她想根據兩人的表情和反應去決定要不要繼續話題。

聽別人說話的時候，如果表情木訥，會讓說話的人失去興致，這樣對話就很難繼續下去了。

自然地笑吧！

平時你會向別人擺出怎樣的表情呢？你可以先準備一塊鏡子，觀察一下自己平常做的表情。如果覺得面露笑容很難，或者很尷尬，不妨跟着下面的幾個方法練習，可以讓你笑得更自然。

深呼吸時，放鬆眉間和下顎肌肉

如果你想發自內心地微笑，而不是看起來像強顏歡笑，首先要學會放鬆臉部肌肉。我們可以用力深呼吸讓臉部肌肉放鬆，然後閉上眼睛再張開，把緊張感慢慢消除。

抬起舌頭貼在上顎處

你可把舌頭抬起，貼在上顎處，雙頰和下巴的肌肉便會收緊，形成自然的微笑。

看着鏡子練習

你可看着鏡子練習，來準確地看到自己微笑時的模樣，也可以找到適合自己的笑容。

戴爾‧卡內基的人際關係論

　　請你幻想一下，當你有一位不相熟的朋友記住了你的名字，並且親切地叫你的時候，你的心情是怎樣的呢？

　　你的心情一定會很好！雖然不是得到什麼誇讚，但是你的心情就跟被誇讚了一樣好吧？而且，你也一定覺得這位朋友肯定對自己有好感。

　　其實，我們每個人都很重視自己的名字。如果有人記得自己的名字，並在某個意料之外的瞬間叫出來，我們就會感覺自己是被重視的，也會產生自豪感。當然，我們也會感受到那個叫出我們名字的人，正向我們示好。

　　美國第三十二任總統、並且連任四屆的富蘭克林‧德拉諾‧羅斯福就知道，贏得好感最簡單明瞭的方法之一，正是記住別人的名字，讓他覺得自己很重要。當他任期結

富蘭克林‧德拉諾‧羅斯福

束，然後被再次邀請回去白宮時，他別人會記得每一個在白宮工作的人的名字，並和他們握手。

　　請一定要記住：我們想獲得朋友的好感，最簡單直接的方法，就是叫他的名字！

我覺得叫朋友的名字太難為情了⋯⋯

如果你平時不怎麼親切地叫朋友名字的話，確實會覺得這樣很突然，感覺很彆扭。不管是什麼事情，只要不常做，做起來都會覺得尷尬和疲憊。但只要你能忍住尷尬，試試反復做幾次，很快就能習慣了。努力練習，就能看到朋友開心的笑容，為什麼不去試試呢？☺

讓別人對自己產生好感的方法 ❸
呼喚對方的名字

情境：宋恩和彩妍雖然是同班同學，但是兩人不太相熟。偶爾碰面的時候，兩人會打招呼，但是從來沒有聊過天。然而某天，她們成為了同組的成員。

只要你能叫出對方的名字，就能讓對話順暢地進行下去了。對不熟悉的朋友來說，自己的名字能被對方記住，足以令他感到開心和驚喜。

情境：有些老師可以清楚地記得班上同學的名字，並準確地叫出他們；有些老師則從來不記得同學的名字，只會叫「同學」、「你」。

大家喜歡會叫出自己名字的老師，還是每次都說「喂，這位同學」的老師呢？我們會發現，名字被人記住就像自己被人重視一樣，能讓人心情變好的。

記住朋友的名字！

　　記住和稱呼那些初次見面朋友的名字，十分影響自己在朋友眼中的第一印象。

　　正確地稱呼朋友的名字可以提高彼此的親密感，但是如果你不小心把名字記錯，把朋友叫成了其他人的名字，反而會讓朋友不高興。

　　只要牢記朋友的名字，就能給朋友留下一個好印象。如果你覺得朋友的名字很難記住，請嘗試以下方法。

第一次見面的朋友，打招呼時要叫名字

向對方問問題時，可以先叫對方的名字

> 藹文啊，你在哪裏上學呢？

把朋友的名字和自己熟悉的名稱關聯起來

> 藹文的名字跟我住的「愛民邨」名稱很像呢。

道別時，可以先叫對方的名字

> 再見了，藹文，很高興認識你啊！

戴爾・卡內基的人際關係論

戴爾・卡內基

說說我自己的例子。我曾在派對上認識了一位植物學家，雖然我從沒跟植物學家交談過，但是他說的話非常有趣，所以我聽得十分專注，還不知不覺跟他交談了幾個小時，派對結束後，我們就互相告別，各自離開了。

後來，聽說植物學家向派對主人誇讚了我，說我是個有趣的人，也是一個很有趣的交談對象。我覺得有意思的，是當時自己幾乎都沒說話，大部分時間只是在認真傾聽對方的話。因為我對植物學家所說的內容很感興趣，所以即使是不太懂的領域，也聽得很認真，並偶爾附和幾句。

那位植物學家應該也感受到自己的投入，因為人們都願意對認真聽自己說話的人敞開心扉。只要你表現出耐心聆聽，對方即使再多抱怨，都會變得平和友善。

如果想和別人愉快交談，首先要耐心聽對方說話，並試試在對方愉悅的情況下，適當提出一些對方容易回答的問題，畢竟每個人都願意跟能讓自己盡情傾訴的人交往呢。

我也很想認真聆聽朋友的話，但是對方說的話實在太無聊了。我該怎麼辦呢？

這時候，我們就需要「善意的行動」。比起直接怪責朋友無聊，我更建議用關懷的方式，通過認真聆聽去找出朋友真正關心的、想表達的東西是什麼。善意的行動，跟讓別人對自己產生好感的方法五、方法六都有關聯。我們一起繼續閱讀吧！☺

認真地聆聽

所以，這個時候呢，應該這樣做，從這個和這個數字可以推測出……

情境：俊亨正在教海德怎樣玩數獨遊戲，海德對俊亨說的話不太感興趣。

俊亨　海德

NO

他說太久了，好無聊啊……

嗯。

不想玩嗎？

OK

明白了！那接着這樣做就可以了嗎？

是啊，這一格填上這個數字，就能知道其他格該填什麼數字了！

　　有時候，我們認為自己已經很專心在聽對方說話，但卻會做出一些與思想不一致的無意識的行動，例如眼神瞟向別的地方、打呵欠等，這會給別人留下沒有認真聽的印象。

46

情境：震軒正跟子陞談論他昨天看的書，或許震軒覺得這本書太有趣了，他滔滔不絕地說個不停。

交談時，如果能夠一邊梳理朋友說話的內容，一邊附和並偶爾提問，就可以讓朋友感覺到你在認真聆聽，而對你更有好感，所以我們應該認真傾聽別人的話呢。

聆聽也是需要練習的！

如果每個人都只顧自說自話，完全不聽其他人說話，世界會變成怎樣呢？

想讓別人對自己產生好感，不一定要很會說話技巧。只要你能用心聆聽，一樣能成為受歡迎的交談對象。因為每個人都希望在自己的聆聽者面前暢所欲言，當你成為別人想傾訴的對象後，自然也能成為別人想交朋友的對象。

然而，很多人寧願花時間練習說話技巧，卻認為傾聽是不需要練習的。其實，想成為一位好的聆聽者，也是需要努力練習的。只要留意以下這兩個重點，你就可以當一位好的聆聽者了。

看着朋友的眼睛傾聽

當朋友說話的時候，你看着對方的眼睛，朋友就會認為我們在用心傾聽。這樣，朋友就可以盡情地傾訴心聲，分享的心情也會變得更積極。看着對方的眼睛，你自然會更集中，也更容易從眼神中了解對方的心情和感受。

一邊傾聽，一邊附和

在朋友說話的時候，你可以適當地說一些「對啊。」、「沒錯。」、「所以呢？」、「原來如此。」、「真的嗎？」等附和語，這些話可以讓朋友感受到自己被理解，也可以幫助對方建立說話的自信。

戴爾・卡內基的人際關係論

美國第二十六任總統西奧多・羅斯福可以與任何人進行順暢的對話，見過羅斯福的人都對他的知識淵博感到驚歎。但令人意外的是，他之所以能跟任何人應對如流，並非因為他有豐富的學識，而是因為他每次在跟人會面前，都會針對會面者的喜好領域作相關的學習。

西奧多・羅斯福

和其他領導者一樣，羅斯福深深明白要獲取人心，最好的方法就是談論他們關心和重視的事情。只要對話過程愉快，人們自然會對自己更有好感。

其實，我們跟朋友進行對話時也一樣，如果不知道朋友關心什麼、喜歡什麼，就很難讓彼此的關係更親近，對話也不會愉快。相反，如果我們可以努力了解朋友的想法和感興趣的事情，那麼對話就會變得愉快，對方自然也會更喜歡我們。

我也很想知道朋友在想什麼，但實在太難去了解他們！

想從對話中了解朋友的想法，確實不容易。進行對話的時候，我們還是最好先傾聽朋友說的話，試試揣摩朋友的心情，並在傾聽過程中，嘗試用簡短的句子來表述對方的感受，向朋友試探你的表述是否正確。當你熟悉這個方法後，你就更能掌握朋友的意圖和想要什麼了。☺

找出對方的喜好

情境：秀琳和小妍為了拍攝專題研習的相片，第一次相約在校外見面。因為兩人平時不太相熟，所以在校外見面時感到特別尷尬。

平時，只要你多留心觀察朋友關心什麼、喜歡什麼，開展話題時就會更輕鬆。相反，如果平時對朋友的喜好漠不關心，就很難跟對方打開話題。

情境：有時候，我們也會遇到很難觀察出朋友喜好的情況。瑞希和永浩在幼稚園時是很好的朋友，但之後就讀不同的小學，大家就很少見面了。

如果因為許久不見，不知道朋友現在喜歡什麼，就試試積極向朋友提問，然後仔細聆聽朋友說的話，這樣你就可以盡快掌握朋友現在喜歡什麼了。

認真觀察朋友的行為

如果不知道怎樣才可以跟朋友打開話匣子，最好先以朋友喜歡的事物或擅長的事情開展話題。

那麼，怎樣才能知道朋友喜歡什麼和擅長什麼呢？其實只要平時多觀察朋友的行為，就不難知道了。

⚠️ **注意**

如果是朋友想隱藏的事情或者覺得不方便透露的私隱，我們就不要刨根究底了。

用心觀察朋友後，你會發現你連朋友的細微變化也可以很快察覺到。如果連其他人察覺不到的改變，你都能注意到，朋友對你自然也會更有好感了。

你看起來很開心啊，今天有什麼好事嗎？

你怎會知道的？因為今天晚上我表哥會來我家玩呢。

幾乎所有人都認為自己是重要的，想跟持有這種想法的人變得親近，最有效的方法就是讓他們感覺到「你對我來說，是十分重要的人！」。換言之，我們要好好體貼、謙卑地對待對方。

我告訴你們一個最簡單的方法吧？這方法任何人都可以馬上實踐和運用的，那就是多用「不好意思，可以麻煩你幫我一個忙嗎？」、「麻煩你了，太感謝你了！」之類的語句。這看似是說話的基本禮貌，但這樣說可以讓對方覺得自己是重要的人，而我們是真心認同他的重要性。而且，對方感覺到自己被尊重和需要，也會對我們更有好感、更喜歡我們。

你一定很好奇，這個方法到底有沒有用吧？那麼，現在就馬上對你身邊的人試試吧。

我跟朋友是同輩，為什麼我要用如此謙卑的態度對待對方？

我們體貼、有禮地對待對方，不代表自己就是不重要，或比對方卑微。相反，禮貌地向對方表示關心和提出請求，還能讓對方更重視我們。請千萬不要覺得謙卑的態度會貶低我們自身的價值，或會讓自己變得沒有地位。☺

保持禮貌與客氣

情境：同學正在排隊找老師，允澤放學後預約了牙科覆診，不可以遲到，所以現在內心非常焦急。

　　當我們有事情求助別人時，怎樣提出請求才能不影響對方的心情呢？如果只從自身立場出發，就會很容易忽略對方的感受了。

情境：康才正在看書，剛好看到最有趣的部分，弟弟康俊卻在旁邊吵鬧。

　　我們在什麼情況下會答應別人的請求呢？無論如何，都肯定是別人禮貌提出的前提下，更容易答應吧？對別人客氣，是不會損害我們自己利益的。想想如果是自己，聽到什麼樣的話會較舒服呢？所以，保持禮貌與客氣十分重要。

重新檢視我們說話的方式

　　你平常有試過與朋友爭吵，或對話突然被中斷的情況嗎？如果經常與朋友發生不愉快的對話，或越說越煩躁，那我們就該重新檢視自己的說話方式了。對話是和別人交流意見、互相影響的互動過程，要持續對話，雙方都需要付出努力。

你有看着朋友的眼睛說話嗎？

　　當你跟朋友說話時，眼神瞟向別處，不看着對方的眼睛，其實較難把我們要表達的內容傳達給對方，而且還會讓朋友產生「他很討厭跟我說話嗎？」的誤會。

你有輕視或忽略朋友嗎？

　　你說話時，有沒有不自覺地輕視或無視你的朋友？即使不是言語上，朋友也能通過你的表情或肢體動作感受到你的態度呢。請你好好確認，平時有沒有做出忽略朋友的行為，例如一邊跟朋友說話，一邊分心做其他事情呢？

你試過只有你一個人爭着說話嗎？

你有試過只顧自說自話，不給朋友開口說話的機會嗎？如果你只顧發表自己的意見，完全不讓對方回應，那就不太尊重對方了。

我的說話方式

快來重新檢視自己說話的方式，回顧自己對朋友說的話，並記錄自己說話時有什麼特點或需要改善的地方。

第三章　不爭吵也能說服別人的八個方法

你試過為一些微不足道的小事而跟朋友吵架嗎？人與人之間的想法差異很大，因此經常會發生衝突。可是，我們跟朋友吵架後心情也會變壞，煩厭的情緒也會留在心中揮之不去，這會對我們造成不少困擾。

其實，我們在說話時只要稍微注意一些地方，就可以避免引起爭執，也可以更好地傳達自己的想法。你想知道如何令別人更願意與你交談嗎？

＊好感比爭論輸贏更重要

＊避免直接反對

＊勇於認錯

＊保持善良和親切

＊從雙方意見一致的部分開始討論

＊多給別人說話的機會

＊用提議代替命令

＊站在對方的角度思考

戴爾·卡內基的人際關係論

　　有些人一遇到別人的想法跟自己不同，就很容易發脾氣；有些人聽見別人說出與事實不相符的話時，就會急於指出別人的錯誤。你細心觀察後會發現，這些人經常都跟別人大聲爭論。

　　但是，如果跟別人爭執後讓對方產生自卑感，或自尊心受挫是無法挽回的。對方因為受到傷害而憤怒，不但不會改變自己的想法，反而對你變得更有敵意和反感。即使最終你贏了這場爭論，但是結果又真的好嗎？

　　政治家班傑明·富蘭克林是美國的建國之父之一，也是避雷針的發明家。他曾說過「你總是爭辯、反駁，也許偶爾能獲勝，但那只不過是一場空洞的勝利，因為你永遠得不到對方的好感。」

　　大家想要什麼呢？只想奪取戲劇性的勝利，還是獲得別人的好感？當然，兩者兼得固然最好，但這種情況的可能性不大。所以，比起贏得爭論，我們還是努力去獲取他人的好感吧。

班傑明·富蘭克林

我應該怎麼對待總想跟我爭吵的朋友呢？

這時候用沉默或逃避方式來避免跟朋友爭吵，都不是一個好辦法。你可以仔細想想朋友想爭吵的意圖和目的是什麼，然後再看看自己要怎樣做。

好感比爭論輸贏更重要

我最喜歡薄荷巧克力味！

→ 溢國

情境：溢國和俊賢正在雪糕店裏買雪糕，商量買什麼口味的過程中，他們發現原來大家的喜好非常不同。

別人和自己的喜好不同，不等於別人就是奇怪的。雖然有些事情從我們自身的想法和立場看起來是很奇怪，但在其他人的想法和立場裏，那可能是一件平凡不過的事情。請記住這一點，那就可以減少彼此的爭論。

情境：思霆正跟朋友談論關於
「鯨魚」的話題。浩然很喜歡和
了解鯨類，看了很多關於鯨類的
紀錄片和書籍。

　　雖然浩然和思霆爭論之後，一定是浩然正確，但是
思霆的心情會很受傷。心情受傷後，思霆就可能不願意
再跟浩然對話了。

做一個寬容的人

　　如果你因為朋友的說話和行動不合自己心意，就表現出煩躁或發脾氣，會給朋友造成傷害，而且也會給對方留下壞印象。因為自己的知識比別人多，就傲慢地顯擺自己的聰明，或對細節斤斤計較，都不能讓對方產生好感。

　　但是，這也不代表你要盲目附和對方。提出意見時，我們要注意的是態度，即是要優先考慮對方的感受。

　　想成為無論任何時候都能與別人愉快相處的人，可以怎樣做？

完整聽完朋友的說話

有的人性子很着急，當他們遇到自己十分了解的領域，或有很想表達的意見時，就會忍不住高談闊論。

在說自己的見解前，不妨先集中精神聽完對方說的話，再說自己的觀點也不遲。這樣既不會打斷對方說話，又不容易跟對方產生誤會。

接納朋友說話的內容和表達

即使你不認同朋友說的話，或有想指正他的地方，也要先說「原來你是這樣想的啊！」之類的附和語。與其一味深究朋友的話，倒不如先接納朋友說話的內容和表達，那樣就會給人謙卑的印象。

　　當別人說「不是你說的這樣！」並對我們的觀點表示質疑時，我們應該怎麼做呢？首先，我們一聽到這樣的話，肯定會很生氣的，然後就會開始為自己的觀點找支持的理據。即使多麼率直、多麼心胸廣闊的人，當被直接指責錯誤時，都會是這樣的反應。

　　美國政治家暨發明家班傑明‧富蘭克林非常清楚這個後果，所以他決定卸下粗魯和固執的態度，避免作出直接反對別人看法的言語和行為，並且經常使用「據我所知，我認為是這樣的，現在看起來是這樣的。」等謙遜的句子。

　　這樣改變態度後，到底出現了怎樣的效果呢？他以謙虛的態度提出意見，人們會更容易接受，而且不作任何反駁。

班傑明‧富蘭克林

　　如果你想讓人們同意自己的想法，你首先需要學會尊重別人的想法，避免作出直接反對別人看法的言語和行為，這樣反而更容易糾正對方的觀念。

不知為什麼，我總覺得要強勢、明確地把自己的意見說出來，朋友們才肯聽從我的意見！

我相信不一定要強勢地說話，朋友才會聽從你的意見的。而且比起意見是否被接納，我們在朋友們心中留下的印象更為重要。如果想朋友耐心聽我們說話，甚至聽從我們的意見，首先要努力讓自己成為「可信任的人」。☺

避免直接反對

情境：體育課上的自由活動時間，同學們正在討論玩什麼項目。

　　如果因為別人的意見跟自己不一致，就直接反對他的意見，會讓對方不高興的。直接的反對會讓對方覺得，自己提出的意見是錯的，最後既得不到我們想要的結果，也會讓大家的關係變差。

情境：小息時，在課室裏同學們的吵鬧聲對東齊造成滋擾，他應該怎樣表達自己的感受呢？

NO

吵死人了！你們滾去外面玩吧！

覺得吵的話，你出去呀！

OK

雖然現在是小息時間，但是課室裏也有同學想安靜休息呢，你們到走廊去聊天可以嗎？

啊，對不起。我們太吵了？

你以不尊重的態度跟對方交談，對方也不會尊重你的意見。這樣，大家最後都會受到傷害，彼此都不開心。

說話前，先整理好思緒！

在你說出自己的想法之前，請先停一停，並列出自己的想法。然後，你可以整理想法的順序和梳理想法之間的關係，然後仔細想一想用什麼順序和方式跟朋友提出想法會比較好，例如想想：我的話會不會傷害朋友、我的提議是不是對彼此都好。

只要你有這樣稍微考慮，就能減少情緒化的口誤，也可以避免用直白的話來反對朋友的想法。

列出自己的想法

整理想法的順序和關係

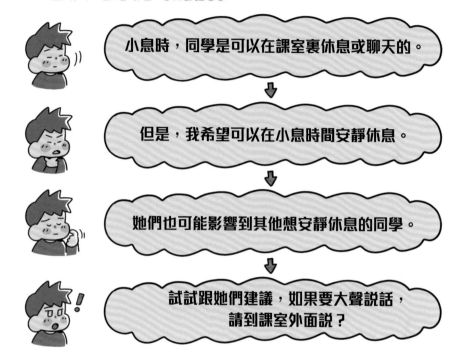

小息時，同學是可以在課室裏休息或聊天的。

⬇

但是，我希望可以在小息時間安靜休息。

⬇

她們也可能影響到其他想安靜休息的同學。

⬇

試試跟她們建議，如果要大聲説話，
請到課室外面説？

確定說話的順序

順序	說話中心內容	起因
1	因為是小息時間，所以我理解她們大聲說話的行為。	小息時間可以自由休息或聊天。
2	我希望課室保持安靜。	因為吵鬧聲可能會影響其他跟我一樣想休息的同學。
3	請她們到走廊去聊天？	這樣，她們可以更自由地聊天，也可以顧及其他同學的需要。

羅拔‧愛德華‧李將軍在美國南北戰爭期間擔任南軍總司令時，他受到了北軍攻擊。一八六三年七月一日至三日的蓋茨堡戰役使李將軍領導的南軍遭受重大損失，南北戰爭也趨向對北軍有利。

羅拔‧愛德華‧李

李將軍經歷蓋茨堡戰役後，他沒有把戰鬥失敗的原因歸咎於別人，也沒有找別的藉口。他責備自己，勇於承認失敗。因為這樣的人品，使他即使作為戰敗的將軍，也受到了人們的尊敬。

在我們必須受到指責的情況下，強行給自己辯解和袒護，只會令別人的指責更強烈。這時，如果勇於承認自己的錯誤，別人就更樂於採取寬容的態度。我們可以見到大多數愚蠢的人都會為自己的錯誤辯解，但其實承認自己的錯誤會帶來更多人的推崇。

當我們做得正確的時候，都能以溫和、合理的手段來取得大家的認可。但不幸的是，我們犯錯比做得正確的時刻要來得多，所以希望大家在犯錯時，都能迅速、坦白地承認自己的錯誤。

但是，總有些人就是無論怎樣的情況，都不願意承認自己的錯誤呢。

當人受到指責時，會為自己的言語或行為找藉口的態度，稱為「自我合理化」。因為他們害怕受到批評或指責，所以會把自己的行為包裝起來，用各種理由反駁自己沒有錯，防禦自己受傷，這是一種保護自我的方法。但是如果「自我合理化」過度，就會給人留下只會找藉口、賴皮的印象，很難再跟別人建立親密的關係。☺

勇於認錯

情境：小組研習的成績公布了，同組的志民和智昌成績未如理想，他們在檢討怎樣改善。

　　跟人合作時，得到好結果當然沒大問題，但當結果不好時，就很容易推卸責任、怪罪別人。在這種情況下，要老實承認自己的錯誤，這樣就會給朋友們留下公平、公正的印象。

情境：綺婷和成宇正在討論「自動駕駛汽車」到底安全還是不安全。

綺婷：自動駕駛汽車不是百分百安全，在現實中也發生過意外。

NO

成宇：怎麼會？電腦控制的汽車是很安全的！

我跟你沒法溝通。

嘖嘖

OK

啊，出過意外啊？我不知道呢，不過未來一定會有更完美的應對措施吧？

對啊，雖然現在還做不到完美，或許未來會有更好的技術發展呢。

對啊～

　　當朋友指出我們的錯誤時，如果不接受，只堅持自己的意見，就會給人一種很固執、難以溝通的印象。但是，如果接受朋友的意見，完善自己的想法，就會給人一種靈活、談得來的感覺。

不要害怕被指責

很多人會覺得被指責就像受到別人攻擊般，但是其實朋友的指教可以讓你重新反思，把你弄錯的地方或說錯的內容糾正。所以他其實在幫助你成為一個更好的人，讓你日後能提出更好的意見起着非常重要的作用，所以你不必因為受到朋友的批評而感到羞愧。

請不要對願意點出你錯誤的朋友產生敵意，記得要保持誠懇傾聽的態度。

　　你可以再仔細聽聽朋友的想法，看看是不是有自己能接受和認同的內容。

　　萬一你不能對朋友說的話產生共鳴，或無法認同，也可以向朋友提問，自己是否有正確理解對方的想法，然後再補充自己的意見就可以了。

　　如果你認同朋友說的話，也願意接納他的意見，那我們就可以大方地表示接受，並且作出更正。

「一滴蜂蜜，比一加侖膽汁更能捕捉蒼蠅。」——林肯說的這句話是什麼意思呢？

亞伯拉罕·林肯

林肯所說的「一滴蜂蜜」，是指一句能擄獲人心的話。如果一個人和自己持有不同的想法，而他的內心充滿敵意，那麼不管自己的想法多麼符合邏輯，他都不會同意這觀點。

但是如果我們以善良親切的態度去表達自己的想法，那麼這句話就會讓大家更親近友好。

如果我們滿腔憤慨地對別人盡訴自己的想法，說完後可能自己的心情會變好，但是聽了這些話的人會有什麼感覺呢？我消極和敵對的態度會使別人無法由衷地認同，所以我們需要一種和藹可親的說話方式。

伍德羅·威爾遜是美國第二十八任總統，他曾說：「如果你握緊拳頭來到我身邊，我會和你一樣握緊拳頭。但是如果你說坐下來和我好好談論，一起來努力分析，大家意見之間的分歧到底是什麼。你會發現其實我們意見之間的分歧並沒有那麼多，反而是相同點更多。」

所以，憤怒是壞事嗎？

「憤怒」是守護自己和保護自己的重要情緒，所以憤怒不一定是壞事，也不是要一直忍耐。但是原因不明確、會傷害到別人或會留給自己傷痕的憤怒都是不好的，我希望你在發洩憤怒之前要記得：生氣是一種可以控制的情緒，控制它的正是我們自己。☺

保持善良和親切

大家都不發表意見，只顧玩鬧。

道賢

吵鬧

吵鬧

吵鬧

情境：班長道賢正在跟同學開班級會議，討論班際朗誦比賽的出場人選。同學們不發表意見，只顧跟鄰座玩鬧，於是道賢就生氣了。

NO

喂！你們不開會了嗎？那我就自己決定比賽的出場人選了！

發什麼脾氣啊！

態度真差。

OK

下個月就要舉行比賽了，希望可以通過這次會議決定出場人選，盡快開始練習，大家都要集中開會啊！

集 中

　　當你在憤怒時所説的話，很難向其他人傳達真正重要的內容，因為發火的瞬間會讓對方傷心，對方更加不會集中在你所説的話上。

情境：昭霖發現朋友們瞞着自己相約出去公園玩，她知道後便十分生氣。

和藹可親並不代表要強顏歡笑地説話，而是在不令聽者難受的情況下，坦率地表達自己的感情，這也是友善親切的説話方式。

疏理憤怒的情緒

生氣的時候，衝口而出的話可能會傷害朋友的心情，這樣就不能清楚地告訴對方你為什麼生氣、你有怎樣的感受、你想做什麼等。當你生氣的時候，試試按下面的方法做，這樣可以更好地表達自己憤怒的心情呢。

深呼吸

當被憤怒沖昏頭腦，深呼吸可以讓我們情緒冷靜下來。首先，我們用鼻子慢慢吸氣，再用嘴巴慢慢將空氣呼出，這樣心情就會漸漸平復下來。

吸氣　　呼氣

尋找憤怒的原因

　　我們深呼吸冷靜下來後，可試試以平靜的心情整理一下自己生氣的原因。這樣的話，原本覺得生氣的心情，有時候就變得不生氣了。因為仔細一想，可能那本來就不是很嚴重、不值得讓人生氣的事情。

　　當然，我們也會遇到怎樣都按不住怒火的情況。

表達自己的內心想法

　　情緒化和激動的說話可能會冒犯朋友，讓彼此關係變差。但是，如果我們能循序漸進地將自己的真心想法傳遞出去，朋友也會對我的心情和感受產生共鳴。這樣，你們就可以一起思考如何解決問題了。

蘇格拉底是古希臘哲學家，他研習了一套說服人最明智的方法。你聽說過「蘇格拉底式提問法」嗎？蘇格拉底在說服對方時，會向對方不斷提出必須回答「是的」的問題，最終使對方不知不覺間認同了幾分鐘前曾激烈反對的結論。

蘇格拉底

如果一個人說「不」，他整個身體就會朝着拒絕的方向運動。另一方面，當你引導他回答「是的」時，他的身體會向前移動，態度變得開放。所以，如果我們能從一開始就得到對方更多的「是的」，我們就更有可能成功地把對方的注意力集中到我們想說的事情上。

因此，在與別人交談時，與其從意見不同的部分開始討論，不如從彼此都同意的部分開始交談，並且強調這些部分。不然，當大家一開始就討論持相反意見的部分，你便需要很多智慧和耐心來把對方消極的態度轉變為積極的態度了。

大家意見不同的時候，要找出彼此都認同的部分並不容易啊！

如果想單方面地說服對方，我們就會心急如焚地表述自己的觀點，那便更難找到彼此一致認同的部分。這時候，你最好給對方說話的機會，然後慢慢聽。如果你以開放的心態聽對方說話，你會更容易找到你們都認同的地方。☺

從雙方意見一致的部分開始討論

情境：芷恩想和秀妍一起拍照，因為秀妍是她的好朋友，所以她想留下回憶。

秀妍

但是我很討厭拍照呢。

如果你只站在自己的立場上說話，對方就會感到被忽視而得不到尊重。如果你先用關心、體貼對方的話打開心扉，就能更容易實現自己想要的目的了。

情境：志康喜歡玩電玩遊戲，但是又南較喜歡看書，又南想讓志康也知道看書的樂趣。

　　從對方會認同的部分開始説服他，循序漸進，最終成功説服對方的可能性就會增大。相反，如果從對方不能認同的部分開始游説，對方就會更強烈地堅持自己的想法了。

對朋友的意見保持好奇心！

和朋友聊天的時候，大家一定會有不同的意見。這時候，彼此各自強調自己的觀點，就是要把想法強加於別人身上，會互相傷害雙方的心情。

我們需要的是，對朋友的意見保持好奇心！只要帶着好奇心向對方提問，就能更確切地理解朋友的意見。然後，我們可以仔細想想，我們之間的觀點有什麼共通點和不同之處，再想想辦法如何能更好地協調雙方的觀點。

積極地向朋友提問

可以詳細説説你為什麼這樣想嗎？

可以告訴我，你這樣想的原因是什麼嗎？

根據情況，表示同意或部分同意

> 如果是這種情況的話，我也覺得你的想法是對的。

> 你說的這部分，我也是同意的。

協調不同的意見

> 原來我們的初衷是一致的，只是根據不同的情況，有不同的想法而已。

> 如果把我們兩個的意見結合起來，這樣做的話怎麼樣呢？

人們都認為要說服對方，就要多說話，所以經常打斷別人的話，想盡快先把自己的觀點表達出來。

但是說服別人更好的方法，其實是讓對方多講自己的事，傾聽對方的想法。如果對方不說話，就試用提問的方式讓他繼續說話。

法國作家暨哲學家弗朗索瓦·德·拉羅什福科曾說：「如果你想要敵人，就打贏你的朋友。如果你想要朋友，那就讓朋友成為比你更優秀的人。」

弗朗索瓦·德·拉羅什福科

如果朋友比我優秀，朋友就會認為自己是重要的人；但是如果我比朋友優秀，朋友就會感到自卑，甚至妒忌。即使大家是朋友，也不喜歡一直聽你炫耀自己的才華和優勢。相反，他更願意談論他的成就。所以，我們有時候寧願謙虛，也不該誇大自己的成就，因為用謙虛的態度、說謙虛的話，會更容易得到別人的好感。

只去傾聽的話，不是更容易被朋友忽視嗎？

人們很容易認為會說話的人是積極的，而只聆聽的人是消極的。但是，聽也可是積極主動的行為。根據你聽的方式，你跟朋友的對話可能會變得豐富。因為說話的人也要有聽眾才會繼續說話呢，所以不用擔心朋友會因為你只聽不說而忽視你。☺

多給別人說話的機會

喂，好久不見了！你要去哪裏啊？

情境：正信和佑然以前是同班同學，但是升班之後，兩人就不同班了，不能經常見面。某天，他們偶然在去補習班的路上碰上了。

NO

我正在去數學補習班啊，這次數學競賽我要代表學校參賽呢。我先去補習了，再見。

哦，好的，再見。

OK

你好，好久不見了！我正去數學補習班啊，你要去哪裏呢？

我要去英語補習班，你什麼時候再來我家玩啊？

對話時，如果只談論自己的話題，不聽對方説話的話，對話就不會延續。在需要説服別人的情況，也是如此。

情境：同學們正在討論，學生到底為什麼要學歷史。賢宇認為必須要學習歷史，智惠則認為無必要學習歷史。

我不知道到底為什麼要學歷史，事情都發生了，背起來還這麼難……

智惠

NO

等等，你不該這麼想。我們當然要學歷史了，只有學習歷史才能了解我們的過去……

賢宇

連我的話都沒聽完就打斷我了，好生氣！

OK

……要背事件也算了，但連年份也要記下，根本一點用處都沒有，只令人頭痛。

對啊，確實很難呢。

但是，只有學習歷史，我們才能了解過去呢。

你說的也對。

　　如果想說服對方，仔細聽對方的話比什麼都更重要。如果不聽對方的話，只說自己的話，誰都不會打開心扉，更遑論要說服對方。

為朋友製作說話的機會

當你只顧着自說自話，而不好好傾聽朋友說的話，那就洞察不到朋友話中想表達的意圖和想法，自然也更難說服朋友認同你的想法了。如果你能好好聆聽朋友說話，同時把說話的機會多留給對方，就可以更確切地了解朋友的想法和觀點，也更容易讓雙方互相接納對方的想法。

想讓朋友好好說清楚自己的想法和觀點，可以試試以下的方法。

多附和對方

邊聽邊重複朋友的話

對朋友接下來要說的話表示好奇

戴爾‧卡內基的人際關係論

愛德華‧曼德爾‧豪斯上校在美國總統伍德羅‧威爾遜的任期內，對國內外事務發揮了巨大的影響。威爾遜總統更願意採納豪斯上校的建議，而不是內閣中的任何官員。

愛德華‧曼德爾‧豪斯

豪斯上校用什麼方法來影響總統的決定呢？只因為豪斯上校知道，改變總統想法的最好方法，是讓他相信那是他自己想出來的建議。

人們很多時更相信自己發現的想法，而不接受別人的想法。因此，與其強行說服別人接受自己的建議，不如把意見提出來，然後讓別人盡量利用並把它徹底完善，這樣的做法更明智。

中國的思想家老子也曾說過：「善辯而通達者，其所以招禍而屢至於身，在於好揚人之惡也。為人之子，勿以己為高；為人之臣，勿以己為上。」。意思是：喜歡和擅長辯論的人容易招禍，因為他們喜歡指出別人的錯誤。如果是別人的後輩，就不要擺出高姿態；如果是別人的下屬，就不要顯擺自己的聰明。

我也想用建議來代替命令，但朋友總是不聽從我的意見。

在提出想法的時候，你是不是只顧重複強調自己的意見？當你提出建議時，你需要合理的理據來支持你的想法，並告訴對方為什麼他要考慮自己的建議。☺

用提議代替命令

君豪

情境：君豪坐在書桌旁正準備做功課，但他打算之前，先玩十五分鐘電玩遊戲，怎料被媽媽看見了。

你也有過類似的經歷吧？明明你在心裏面已經想好：我玩完這個，就去做功課。但這時如果媽媽來命令你，你的心情就會受傷害，反而變得不想做功課了。

跟朋友說話時也是一樣的，比起強迫的口吻，溫柔的建議更能展開融洽的對話。

情境：老師讓同學二人分組討論後，整理好雙方意見並進行演講。延仁喜歡做書寫記錄，但是沒自信演講，他很慶幸組員是平時很喜歡演講的詩詩。

跟組員商量好了嗎？那快整理好雙方意見並開始進行演講吧。

NO

我來做整理，你負責演講吧。

延仁

詩詩

我不要。

OK

我們來分工吧？我演講沒有你那麼厲害，沒信心能做好呢。

那麼，就讓我來演講吧。

　　如果感覺到自己被強行安排，那人就會產生不想順從的念頭。相反，如果你提出一個想法，給予對方思考這個問題的空間，然後作出選擇，這樣你就能解決問題，又不會冒犯任何人。

有技巧地提出建議

當我們要向朋友提出自己想法，其實也需要一點竅門，尤其是當你需要說服朋友接納並採用。首先，你可以先確定當下是什麼情況，然後再運用適當的策略。

需要行動來解決問題的情況

當有一個問題需要透過行動來解決，你向朋友提出建議時，最好把問題的重點清晰地指出，並給予明確、有效的解決方法。

對事物持有不同立場的爭辯情況

　　如果大家是在談及一些有不同立場的事情，即會有贊成或反對的不同角度時，就要把朋友的觀點和自己的觀點進行比較，找出共同點和分歧點。如果能說清楚哪些部分是相同的，哪些部分是不同的，並提出一個有根據的結論，那對話就能好好發展。

我也同意你這個意見。

但是，對於這個部分我是不贊成的，因為……

戴爾·卡內基的人際關係論

每個人都想引起別人的共鳴，即使脾氣再壞的人，再怎麼生氣，只要感受到別人能理解自己的處境，就能停止生氣。

都是你的錯！要不是你那樣做……

誰不喜歡會理解自己並說「我當然這麼想啦，我的想法也和你一樣。」的朋友呢？這種同理心的話語不僅可以讓別人停止爭論，還可以消除他們對自己的敵意，讓對方仔細聆聽自己的說話。

相反，如果你沒有同理心，一味揶揄或指責朋友的錯誤，朋友就會覺得丟臉，認為你是敵人，不會真心聽從你的話了。

當然，朋友的意見也有可能完全錯誤，但這時亦不要直白地指責他。朋友想什麼、做什麼，都有他的理由。如果你找到這些隱藏的原因，你就會理解他的這種行為。

處理的關鍵很簡單──設身處地為那個人着想。說話之前，可以先從對方的角度考慮，例如「如果我是那個人，我會怎麼想？」、「我會有怎樣的反應？」等問題。

我完全沒辦法認同開口指責我的朋友。

沒錯。當我們一受到責備，就會很生氣，然後再也難以跟朋友產生共鳴。雖然很難，但你還是要把對方的敵意看成好意吧。當你試着理解朋友的立場，對方也會試着理解你的觀點，你就會感到這比反駁你的朋友快樂得多。

站在對方的角度思考

情境：朋友們玩捉迷藏，可妮不小心摔倒了。雖然沒有受傷，但她覺得很痛和很丟臉，於是哭了起來。

　　不優先考慮自己立場，而是站在別人的角度上看事物，是非常困難的。但如果你嘗試以別人的角度思考，説出感同身受的話，就會給人一種體貼的印象，實際上也會養成體貼的習慣。

情境： 庭謙和永楚住在同一個屋邨，所以經常一起放學。但是，昨天永楚下課後就不見了。庭謙找他找到很晚，最後直接回家了。

跟朋友對話時，如果只從自己的角度考慮，可能就會對朋友生氣或感到煩躁，但是如果從朋友的角度考慮的話，就完全可以理解對方了。從對方的角度去看事物的本質，如果能產生共鳴，就能進行互相尊重的對話了。

做一個有同理心的人

　　比起不認同自己的人，人們更喜歡跟認同自己的人交談。如果得到共鳴，就會覺得自己的想法和話語備受尊重，便會想跟對方多聊幾句。

　　即使在彼此想法不同並對立的情況下，如果能得到別人的理解，內心也會緩和下來的。

　　有同理心的人，一般都會遵循以下三個做法。

傾聽時不打斷對方

　　朋友在說話時，我們要集中聆聽到話語結束。如果中間插話打斷對方，就會讓對方覺得自己不被尊重。

不對朋友說的話評頭論足

聽朋友說話時，不要說「這樣好、這樣不好」、或者「做得對、做得不對」等類似評價的說話。只要簡單去理解對方的說話和他的感受，就已經是同理心了。

你一定很痛吧！

你一定很生氣吧！

轉換立場思考

我們可嘗試放下自己的立場和觀點，而站在朋友的立場去考慮事情。問問自己「如果我是他，我會怎麼想？」，很多時候這就能理解朋友的言語和行動了。懂得換位思考，你的思想會變得更靈活，心也會變得寬厚，更會體諒別人。

如果我是他，我的心情會怎麼樣呢？

溝通的技巧都掌握了嗎？記得要把學到的應用在日常生活，那麼身邊的朋友都更願意親近你呢！

新雅・成長館

寫給孩子的〈人性的弱點〉

作　　者：金志娗
繪　　圖：俞英根
翻　　譯：何莉莉
責任編輯：黃偲雅
美術設計：徐嘉裕

出　　版：新雅文化事業有限公司
　　　　　香港英皇道499號北角工業大廈18樓
　　　　　電話：（852）2138 7998
　　　　　傳真：（852）2597 4003
　　　　　網址：http://www.sunya.com.hk
　　　　　電郵：marketing@sunya.com.hk
發　　行：香港聯合書刊物流有限公司
　　　　　香港荃灣德士古道220-248號荃灣工業中心16樓
　　　　　電話：（852）2150 2100
　　　　　傳真：（852）2407 3062
　　　　　電郵：info@suplogistics.com.hk
印　　刷：中華商務彩色印刷有限公司
　　　　　香港新界大埔汀麗路36號
版　　次：二〇二四年三月初版
　　　　　二〇二四年八月第二次印刷

鳴謝：
本書部分相片來自Wikipedia（https://www.wikipedia.org/）
p.22, 74, 80, 86, 98, 104

어린이를 위한 데일 카네기의 인간관계론
How To Win Friends And Influence People For The Children
Text copyright © Gim ji-yeon, 2023
Illustrations copyright © Yoo Younggeun, 2023
All rights reserved.
First published in Korea in 2023 by Midnight Bookstore
This Traditional Chinese edition is published by arrangement with Midnight Bookstore through Shinwon Agency Co., Seoul.
Traditional Chinese edition copyright © Sun Ya Publications (HK) Ltd., 2024
18/F, North Point Industrial Building, 499 King's Road, Hong Kong
Published in Hong Kong SAR, China
Printed in China